I0774483

# La Geografía de amarnos

Lorena Girón

Acá es invierno y el frío termina del otro
lado del Atlántico, donde siempre es verano.

Victoria Resco

A mi Madre, gracias por inculcarme el amor
a la lectura y a mi prima Neilis por siempre
leerme.

# África

Si te dijera que hoy voy a cumplir todos tus sueños… ¿Me creerías?

Si te dijera que te quiero con mi vida cuando me escribes en la madrugada...

Si te dijera que cada segundo de los que recibes ocultamente ahí estoy yo...

Si te digo que cada pensamiento de los que me hacen daño tú los curas...

Si te digo que cuando no puedo dormir hasta las canciones que no me gustan me recuerdan a ti...

Si te dijera que hoy voy a cumplir todos tus sueños...... Tendrías la certeza de que así sería.

Muchas veces me escondo detrás del sol para
que no puedas verme
Pero es inevitable,
Tú mirada se pierde en mi sin quererlo
y sabiendo que mi timidez puede cambiar el
curso,
de nuevo me miras y estás ahí, con la mirada
más penetrante del universo,
y en ese segundo, en ese mínimo segundo, mi
alma desciende al infinito y hace que el mundo
me mire sonreír como loca,
aunque nadie lo entienda

Y es que eres mi Luna dividida en soles
iluminando mi oscuridad,
tan desordenada que desordena los sentimientos
y otra vez estás ahí,
atravesando mi pensamiento,
llevándome a tus galaxias desconocidas, atando
tú imaginación confusa a todos mis sentidos,
desatando la tormenta que fluye dentro de mí,
provocando que el mismo sol se aparte para que
puedas verme.

No soy como las demás,
soy de poco hablar,
Pero con vos;
sos una pregunta cualquiera
con respuesta sí,
y yo, que sé que es el miedo terrible que no te
quieran,
Me ahogo nuevamente en mi soledad,
para ver de lejos que eres feliz sin mi presencia.
Pero cuando me escribes,
siento que la primera vez que te vea,
será tan casual como si nos conociéramos.
Sólo me queda suspirar y esperar que la
imaginación con la que a veces te veo,
sea tan buena como la realidad que te cuente
algún día.

Puedes acordarte cada vez de nosotros, puedes recordar mi rostro,

Puedes volver a vivir esas veces que acariciaba tú cabello, y jugaba con tú fina piel;

Puedes dedicarme esa canción que tanto deseabas,

Incluso puedes enviarme esos mensajes que nunca enviaste,

diciendo que me extrañabas;

Puedes decir que todavía me llamas para encontrarnos,

Que, aunque trates, mi recuerdo siempre estará en lo más profundo de tus entrañas.

Puedes acordarte siempre de nosotros

Y recordar que la atracción que tienes conmigo:

Es irrepetible.

Aquello cuando no puedes dormir,
Eso que te perturba el corazón;
Cuando la ansiedad se apodera de ti,
Y ese nudo no sale de tu interior
Cuando en esas madrugadas tú mente no se calla,
Las medianoches en las que empiezas a vivir,
El ruido que transmites con tú mirada hacia la nada,
Pensando en todas las veces que te hicieron morir.

Aquí estoy otra vez,

despierta en otro vuelo nocturno,

pensando por qué nuestras mitades no pudieron
estar enteras,

por qué los sentimientos son capaces de elevarte
hasta el cielo y con la misma intensidad te dejan
caer hasta lo más profundo de las tinieblas,

y mientras más te esfuerzas por no ser un simple
recuerdo,

para no ser un momento,

es cuando más fugaces nos volvemos.


¿Es la ilusión de tus palabras de este mundo?...
¿Pierdes la noción del tiempo cuando ilusionas a
los demás?...
Pero creí en mí y me curé de ti
a pesar del vacío que me dejó tú repentina
despedida
y ahí, justamente ahí, me di cuenta de que no
necesitas a alguien para que ilumine tú
oscuridad.

Desearía perderme en la inmensidad de tu caos,
Provocar en ti esas emociones que ya no sientes,
Despertar las mariposas que una vez sentiste,
Me gustaría llevarte donde nadie descubra esas
tormentas que se forman dentro de ti,
Sacar ese desorden con el que sólo tú puedes
enamorar,
Abrazarte hasta llenar tú pequeño mundo de
flores,
Sanar esas heridas, reparar tú alma.
Unir nuestros desastres y explotar de felicidad.

Busco en el silencio esas palabras que te quedaron por decir
Busco en mi imaginación el perdón que nunca pediste
Trato de encontrar los besos, las caricias, la complicidad,
Trato de entender esta realidad confundida
Intento saber por qué fuiste tan cruel
Intento arrancar esas preguntas que tanto duelen
Quiero descifrar esas mentiras que aún me hacen llorar
Quiero dejar de recordar y sanar.

Ya mis alas están listas para cuando quieras
volar
Subir a lo más alto de las estrellas y levitar
Alcanzar el infinito con tú voz susurrada en mi
oído
Viajar como la luz hacia lo más profundo de tú
alma
Y volver loca perdida a mis ideas que flotan en
la cama,
Para lograr que subas conmigo al infinito y te
des cuenta de que eres magia hecha humano.

Sólo fuiste un logro de mi imaginación, una ilusión de mi mente
al creer que un día podrías mirarme y sentir eso que llaman amor;
poder visualizarnos en un futuro
pero el presente fue tan cruel
que hasta el pasado se dio por vencido.
Pero a veces el encanto puede ser tan falso que te hace creer que la belleza será eterna
y eso fuiste tú, el sueño de un sol
que deseaba resplandecer sobre todas las demás estrellas;
Vuelve a la galaxia de donde te escapaste e ilumínate tú oscuridad antes de volver a mostrar tú luz.

# Asia

Por extrañarte me rompo por dentro, y otras veces por fuera...

Por extrañarte quisiera volver a verte y dijeras que también te tientas...

Por extrañarte diría que no es suficiente si te digo lo que me dueles, si no lo sintiera... Por extrañarte tanto te diría otra vez que sí, que te quiero, que otra vez volviera...

Pero tal parece que es tan poco, que ya no te das cuenta...

Quiero saber todas las cosas que guardas en tu oscura alma,
conocer tu lado oculto, lo que no muestras.
Quiero saber de tus monstruos, esos que no te dejan dormir,
pero aun así no podrías vivir sin ellos.
Quiero saber que te avergüenza, de tu media sonrisa en tus labios cuando te enojas.
Quiero saber de tus lunas, de tu sol dormido, de tu estrella palpitante.
Quiero saber por qué siendo tan frágil, tienes la apariencia de mar...

Ojalá y nunca tuviésemos miedo a demostrar nuestros sentimientos...

Ojalá todas esas preguntas que nos invaden podamos hacerlas sin remordimiento...

Ojalá que el corazón deje de sangrar por personas que no lo merecen...

Ojalá que nuestra sinceridad no lastime a quien nos brindó su corazón...

Ojalá que la ansiedad al ver esa persona desaparezca...

Ojalá seas feliz y no recuerdes aquellas promesas...

La lluvia debería limpiar hasta lo más profundo del alma...

Debería caer en esos rincones oscuros de dolor...

Debería poder crear esa suave llovizna, así los sentimientos volverían a florecer... Podría provocar mares en los desiertos de mi mirada...

Incluso debería curar las cicatrices de los recuerdos...

Permitir sanar los males, que los arrastre al desagüe

Debería barrer esos charcos de inseguridad que quedan después de ella.

Seduce mi mente,
Adéntrate en mis sentidos,
Nada en las profundas aguas de mi tormenta
interna,
Soporta mis fracasos y
Disfruta de mis éxitos.

Calienta mi alma,
Enloquece con mis risas,
Hazte adicto a mis locuras,
Piérdete en mi mirada.
Recuérdame que no te olvide

Te deseé en cada suspiro de mi acelerada
respiración
Te busqué en miradas traviesas que se cruzaban
con mis pupilas
Te esperé hasta en las noches de insomnio que
no recordaba tu nombre

Pero cuando te vi, no supe más lo que era un
suspiro y respiré con alivio por primera vez en
mucho tiempo,
ya no encontraba miradas traviesas mis ojos se
habían aferrado a los tuyos hasta abrazarte el
alma
y las noches de insomnio fueron reemplazadas
por amaneceres ardientes.

Soñemos

En cada intervalo nuboso de la conciencia

Juguemos

Con los pequeños detalles del romance

Lloremos

Para liberar la pesada carga de tenernos

Saquemos

Los miedos internos y los llevamos a bailar

Seremos

Esa historia interminable de la oscuridad

Enumeremos

Las estrellas y cuando pierdas la cuenta estaré
ahí para empezar de cero.

Jamás creí que después de tantas guerras,
encontraría la paz
Alguien que me enseñó que el infinito cabe en
un ser de magia
Alguien que ama más mi respiración que
escuchar la lluvia caer
Alguien que llena de recuerdos y momentos cada
día de mi existencia
Alguien que, si abro su alma, lo único que
encuentro es a mí.

Quería decirte que me gustas

Me gustas cuando estás en el mundo de la luna porque sé que incluso ahí eres tan imperfecto como te muestra.

Me gustas cuando no tienes vergüenza, cuando no mides el afecto y no escondes lo que sientes.

Me gustas porque siempre tienes una sonrisa y un abrazo para cuando se posan las horas tristes.

Me gustas porque eres de esas personas raras que rara vez se chocan por ahí y me gusta que compartas tu rareza.

Quería decirte que me gustas, pero si ves cómo se me achinan los ojos de alegría cuando te veo, ya deberías saberlo.

Estoy un poco perdida sin ti

La intensidad del mar me llama cada que te recuerdo

Aquellos besos imprevistos y las sonrisas perdidas

Los intervalos de vicios y complicidad entre los dos

Si pudiera volver el tiempo atrás te diría las cosas que me hacían daño

Pero te extraño y...

Ahora sólo puedo sentirte cerca cuando estás tan lejos.

# Oceanía

¿Y si crees mis mentiras?
Si dejas de darle vueltas a la vida
Y te avientas a mis esquinas
Cargadas de adrenalina.

Si revuelves en mis caricias
Las cicatrices de tus espinas
Te encontrarás promesas vencidas
Que nunca supieron buscar la salida.

La locura de tú alma limpia
Quiere que mis demonios impidan
El vaivén de tus sonidos y tus días
En la fugaz estrella en la que caminas.

El veneno de tu piel genocida
Carcome cada célula torcida
Donde tu sangre pesada y suicida
Reclama las llamas de la lujuria asesina.

Fue cada vez que te vi en mis sueños
Que el silencio me gritó que te quería
Fue el disparo de tus ojos a mi sangría
Lo que al sentirme sola duró tantos años.

Fue aquella, sí, la herida de antaño
Que se cubrió de hielo mi corazón
Fue creer que me salvabas de un cañón
Cuando eras tú quien se hacía daño.

Somos como el cielo
Llenos de nubes emocionales,
De atardeceres teñidos de melancolía
Nublados de odios y envidias
Lloviendo tristezas y descontentos
Algunos despejados de dudas y tormentos
Otros con arcoíris de felicidad
Pero todos mostrando el mejor azul de las
sonrisas.

Dime que me quieres a mí, aunque nos separe el
mundo,
aunque no queramos, podemos estar juntos
Dime que me quieres a mí incluso cuando tienes
la luna torcida,
incluso si sólo tengo un poco de sol para darte
Dime que me quieres a mí cuando todo parece
desorden,
cuando no sabes que quieres, pero me quieres a
mí
Dime que me quieres a mí cuando en la noche te
sientes solo,
cuando necesitas a alguien y piensas en nosotros
Dime que me quieres a mí sin tener miedo.

Cada tatuaje en su piel es una historia vivida,
aunque a veces quiera reflejar esas historias en
su cara
Se siente libre cada vez que exhala el humo de
su cigarro
y escucha esa canción que tantos recuerdos trae
No sigue modas ni criterios ajenos, prefiere
disfrutar la vida a su manera.
Ama a su madre por encima de todas las cosas,
su creatividad es de otro mundo
Guarda misterios que pudieran destruirte
y su inseguridad lo hace encerrarse en sí mismo
Puede llevarte al cielo mostrándote el infierno.

Nadie sabe callarme los miedos como tú
Mi cuerpo quiere gritarlos más altos
Nadie ha podido ver eso que veías en mí
Que hacía sonrojar la cara de mi corazón
Nadie sabe que cuando estoy así, quieta
Tu recuerdo se pasea por mis cejas
Nadie quiere decir que me veía feliz
Cuando me abrazabas contra tu pecho
Cuando todo esté amor deshecho
Preguntaba por qué nadie se ha quedado aquí.

Hay días que me siento diferente, sola
Que no me son suficientes las horas,
ni nada a mi alrededor.
Días que duelen más los muertos, que los vivos
que tengo a mi lado.
Hay días que la soledad hace un nido
Y la tristeza demasiado pesada,
Que no soporto la envidia pasada,
Lo negro de algunas almas.

Hay días que el amanecer lo prefiero nublado,
Que es mi amiga la lluvia y los tornados
Hay días que mis lágrimas están a flor de piel,
Que pensar en la vida me provoca estrés
Que no es suficiente el amor,
Ni lo bello,
Ni lo simple.
Que no me gusta el ambiente
De reclamos y mentiras
Hay días que ni quiero ser yo
Un ave, un tesoro quizás
Hay días, y noches, hay más
Hace vidas que no quiero estar en la mía...

Te quiero
Sabiendo que te puedo perder,
Te quiero aún sin saber
Y no hablo sólo del cuerpo sino del alma.

Te quiero, con tus ojos despiertos al alba
Y la fuerza que tienes dentro de ti
Te quiero aún sin saber que aquí
Se te extraña y que no te das cuenta.

Te quiero, te quiero aun estando en venta,
Tus noches y tus lunas
Te quiero porque no hay premura
En pronosticarte la vida.

Te quiero para quererte de una,
De una manera única, totalmente distinta
Te quiero incluyendo en mi actitud extinta
Justo antes de soplar la vela.

Lo siento por haber dicho "te quiero"
Y no quererte a la misma medida
Que me querías a mí.

Lo siento porque intentaste reparar
Mi corazón roto y que ninguna parte
Sienta nada por ti.

Lo siento por ensuciarte el alma
Con cada palabra hiriente
Y no poder quedarme ahí.

Lo siento porque no supe intentarlo
Entre mentiras y promesas
Lograr reparar el daño en mí.

Cuando la espuma baña los pies descalzos
Cuando el mar abraza con su azul
Cuando la brisa te despeina las pestañas
Cuando el olor a sal te alimenta el corazón
Cuando la arena se desliza por tu piel
Cuando el camino te invita hacia lo hondo
Cuando cierres los ojos y las olas te distraigan
Sumérgete, estás en el lugar que llamas hogar.

# Europa

¿Por qué tengo que sentir tanto?
Me quiero arrancar los sentimientos
Quiero ahogar los pensamientos
Encoger el amor en un canto.

¿Por qué me sudan las cosquillas?
Cuando intento probar la miel
Da lo mismo, que no he visto bien
Como sangra mi vida en tus orillas.

Entre sobras me faltas
Entre mares me desbordo
Entre letras me callas
Entre risas me corto
Sobre tejados te espero
Sobre arena te asientas
Sobre cielo te vuelo
Sobre tierra te alimentas. Sin futuro nos
pronosticamos
Sin duda nos hablamos
Sin esperanza nos alistamos
Sin ser nada nos quedamos.

Mi vida es como un cuadro
Donde en un lienzo blanco
Pintaron cicatrices,
Lo hicieron de color verde
Intentando camuflar el dolor del rojo.
Tejieron en las orillas unas risas
Que más tarde se desvanecieron en odio
Y lo conservaron en un cristal,
Al que le nacieron chispas
Que podría incendiar al mundo.
Luego lo rodearon de otros cuadros,
Llenos de mentiras,
Pero las oía desde mi infierno
Gritando como la luna
Dominando sobre los demás.
Mi cuadro lo colocaron en exhibición,
Y a tres metros de distancia
Criticaban mi pintura y mis grietas
Sin saber todo el esfuerzo
Que había hecho para completarme.

Si el tiempo no existiera
Si me permitiera mirarte
Si me dejara más amarte
Si tu recuerdo ya no doliera
Si el reloj se detuviera
Si aparecieras de la nada
Si despertara mañana
Si me dejara besarte
Si a tu vida me ataras
Si se dejara de bailes
Sin en las noches infames
Si prometes antes de marcharte.

Los domingos intento que la rutina
Me consuma,
Me ahogue hasta no recordar la orilla de tus
labios
Y el borde de tus pestañas.
Los domingos trato
Que las horas amarillas me despidan de tu
indiferencia,
Que la luna que habita en mi se tuerce
Para hacerme astronauta.
Los domingos procuro
No volver a empezar con los ojos agrietados,
Con la voz aterciopelada que juega a recaer en ti,
La peor dependencia de todas.
Los domingos, como hoy,
Crean desaciertos, dudas, arrastres,
Queriendo convencerme de que sí fui,
Que sí fuiste, que sí fuimos.... Algo.

Podría decirte que tengo noches
En los que no recuerdo tu nombre,
Pero eso sería condenarme a no ser yo.
Porque de solo mencionarlo
Aunque sea en susurros tachados
Sigo recordando como la primera vez.
Continúo evocando tu sombra a mi lado
Y tú presencia, aunque estés ausente.
Tu nombre me come las heridas,
Las que fueron abiertas cuando me abrazaste
Las que me hacen creer que sos cierto
Y las que se vuelven abrir cuando lo digo.
Con tu nombre me alcanza y me basta
Aunque sean sílabas inconfesables

No sé cómo sujetar mis miedos
Sin llorar todas mis vidas pasadas,
Así como no sé aquietar mis nervios
Si ven un corazón quebrado
Y no sé olvidar los fantasmas
Sin haber destapado mis inseguridades.

No sé cómo conectar más conmigo
Si no es desagrupando versos
Y no descubrí todavía como armarme
Cuando siguen quebrando mis pedazos.

No sé qué hacer después de una despedida
Porque olvido quien soy y no quien debería ser.
Me gustaría entender como levantarme
De una estampida de sentimientos,
De un apocalipsis de emociones
Y de un terremoto de sensaciones,
Negativas todas.

Me encantaría dejar de sobre pensar
De idealizar
Pero no sé
Y no lo sabré hasta volver a volar.

Si volvemos a vernos algún día,
Si en uno de esos caminos nos encontramos
Si de casualidad en una calle aleatoria
Perdidos nos disfrazamos.

Si algún día lluvioso, te veo por ahí
Caminando solo, con prisa
Si la noche nos junta como vecinos
Si vuelvo a tropezar con tu sonrisa.

Si la vida tiene ese plan macabro
De hacer sonar nuestra canción,
Si el mar me devuelve tu mirada
Jugando a provocar esa emoción.

Si volvemos a encontrarnos perdidos
En alguna estación un día
Si a los ojos profundo te miro
Sabré si me quisiste, sabré si te quería.

Soy una chica lunar
Aquella que es de Venus
Por girar en sentido contrario,
Soy esa que le llueven diamantes
Si empiezo a quererte
Y la que se hace agua y fuego
Si le tuercen el satélite.

Soy lunar, porque peso en toneladas
El amor desmedido
Y divido en galaxias cada sentimiento
En forma de espiral.
Porque sigo tardando en descubrir mareas
Y no sé en qué estación estoy hoy.

Sigo siendo una chica lunar
Hasta que descubra mis 4 fases
Y en cada una de ellas saber soñarte.

Soy una hermosa distracción,
Soy algo así como la inestabilidad hecha mujer
Hermosa, porque según el mundo he de ser
Encanto con solo mirarme.
Distracción, porque mis letras te hacen
deleitarte,
Y al leerme te emocionas.
¿Qué prefieres ser, hermosa o distracción?
Me preguntaron
Y no supe contestar
En ese momento no supe de qué hablar,
Que, aunque me dedicaba a desatar
Letras cuando escribía
Nunca supe si en aquella opción
Ser escritora o una hermosa distracción
Prefería.

# América

No siempre decimos lo que sentimos
Lo que nos apetece de verdad
No siempre decimos lo que nos duele,
Lo que hace sentirnos fuera de gravedad.
Y es que a veces cuesta un mundo soltar
Liberar cansancios y soledad.
No siempre expresamos lo que nos come
Lo que los miedos logran cercar
Lo que se bebe nuestro Sol y nuestra luna
carcome
No siempre demostramos que hay heridas sin
sanar.

He escrito una lista de personas burbujas,
O así las llamo yo,
Son esas personas a las que he de acudir,
Si me siento ansiosa o no sé qué decir.
Esas que si estoy nerviosa pueden decidir
Si me ahogo en el vaivén de mis pensamientos,
pueden sentir por mí.

¿Personas burbujas?
Me preguntaba yo,
Esas que normalmente aparecen
Cuando tu vida es un hoyo.
Las que te curan sin reparo,
Pero en realidad profundizan tus dolores.
He escrito una lista de personas burbujas,
Esas que te desorientan
Las que te hieren mucho más
Para que al final, ya no sientas pesar.

Cuando nadie te ve:

¿Con quién puedes ser o no ser?

Cuando estás sumergido en tu amor

¿Le dedicas tus olas a quien tienes al lado?

Cuando sientes el vacío, solo

¿A quién quisieras encerrar entre tus ojos?

Cuando tu mundo está al revés

¿Puedes ser tuyo y del viento a la vez?

Cuando no hay nadie que pronuncia tu nombre

¿Cuál es la persona que sabes que desgarra su
garganta al pensarlo?

Piensa otra vez, ¿Qué harás?

Cuando extrañes la poesía.

Cuando haya silencio detrás del teléfono.

Cuando sientas que ya nada te llena lo suficiente.

Cuando pienses en el futuro del verbo amar,

No te preocupes.

Estaré ahí, me recordarás.

El tiempo no cura ninguna herida.

No cierra ninguna etapa

Ni borra ningún recuerdo.

El tiempo trae calma, suaviza, aplaca

Pero no hace que desaparezca

Ni hace que te cures de nadie.

El tiempo no te hace olvidar ningún lunar

No te hace olvidar aquellos lugares

Ni hace que olvides sus manos.

El tiempo no cura nada de eso,

Solo hace que escondas los recuerdos

Y al verlo, entiendes que jamás lo olvidarás.

Me pregunto si es muy fácil dejarme ir
O si es fácil olvidarme
Si será fácil pasar mi página
O si cierran mi libro así, de golpe.
Me pregunto si algún día fui el "casi algo"
Si en el camino traumé a alguien
Si quizás rearmaron su vida
Para poder desprenderse.
Me pregunto si me han amado en silencio
Si no pueden superarme
O si me recuerdan
Como ese capítulo que no puedes leer.
En el fondo me da pánico descubrir
Si existió alguien que intentó curarse de mí
Y aun deseándolo,
No pudo.

¿Por qué se te hizo tan fácil olvidarme?
¿Por qué reemplazaste las horas y los recuerdos?
¿Por qué simplemente no le diste un espacio al
tiempo?
¿Por qué rebuscaste en amores dormidos los
besos que tenías guardados para mi espalda?
Sigo preguntando una y otra y otra vez
¿Por qué?
Y lo revierto y lo reinvento, pero me revienta en
la cara
¿Por qué no me acostumbro a no hablarte, a no
esperarte?
¿Por qué no te olvido, aunque sea de a poco?
¿Por qué a veces soy tan frágil que me desgarro,
me desbordo, me apago?
¿Por qué sigo escribiéndote en mis poemas un te
extraño?

Por amor destruí barreras que no sabía que
existían,
Construí puentes y provoqué la peor de las
catástrofes;
Por amor arrodillé ángeles, hice pactos,
Convertí la tierra en mi lugar favorito para
colonizar almas;
Por amor revertí la galaxia, bajé cada una de las
estrellas
y aun así no me eligieron.

Por amor desconté cada granito en mi reloj de
arena,
pero el tiempo siguió corriendo
y las horas a tu lado estaban contadas;
Por amor descubrí que era una persona que no
conocía,
La que tantas noches lloraba cuando no volvías.

Hice todo por amor y no me arrepiento,
Lo sigo haciendo en cada uno de mis poemas,
Porque por amor puedo escribir sin explicar
nada.

Estoy mejor, como dicen por ahí
Remontando olas tratando de encontrar pétalos
En este campo lleno de espinas
Estoy mejor como dicen por ahí
Siempre a punto de llorar, pero con más ganas de
reír
Estoy mejor, con la angustia que se me nota
En los huesos y en las manos
En como tiemblo y en como estoy a punto,
siempre a un segundo
De tirarlo todo por la borda de volver a pensar
que merezco tu maltrato
De volver a buscarlo de pensarme poca cosa
De creerme todo lo malo que estás diciendo.

Estoy mejor, como dicen por ahí
Porque no lo hago porque aguanto el impulso
De querer volver al pasado, de buscar tu nombre
en mi teléfono
De leer mi nombre en los diarios, de pedirte
permiso para sentirme bien
Estoy mejor, porque estoy escribiendo mas
y eso significa que pienso que mi historia es una
que vale la pena contar

Estoy mejor como dicen por ahí
porque estoy lejos de vos y voy a estarlo cada
día un poco mas
y tus palabras serán olvidadas y mis dolores
serán recuerdos.

Sabina dijo que tanto la quería que tardo en
olvidarla 19 días y 500 noches,
Yo no cuento mis días ni en lunas ni en soles
Uso un calendario donde anoto los domingos y
los versos en tu nombre
Quizás mientras te escribo,
alguien más este disfrutando de lo que alguna
vez creí mío,
Sentada en tu mesa descorchando un vino,
apreciándote con todos sus sentidos.
Quizás ella misma también esté pensándome,
Preguntándose si en este momento estoy
escribiéndote
Y confirmo la sospecha, estoy en la cama
sosteniendo una pluma
Que solo sabe escribir tu nombre en el papel.
Confiésale que yo sé que me lees todos los días,
Que no borras ninguno de los poemas que te
redacté,
Que te quise tanto que estoy tardando en
olvidarte
12 domingos y 91 versos en los que te nombré.

Me vienen estas cosas desde el fondo de la vida
Acumulando todo estaba
Mis nervios están locos, y así, removida
Los malos sentimientos en mi sembraban.

Momentos de la vida me hicieron escribirte
Momentos de la vida que se esfumaron luego
Momentos que mis recuerdos se hicieron fuego
Que fueron tan pesados antes de irte.

En todos los corazones que mi ser estuvo
Tuve ganas de reír las penas
En todo el azul que mi corazón retuvo
Mi alma está limpia y este libro en mis venas.